Selbermachen. Genießen. Verschenken.

Kräutergenüsse aus der kreativen Manufaktur sind schöne Geschenke und Mitbringsel: mit Sorgfalt hergestellt, mit Liebe verpackt

Barbara Rias-Bucher • Daniela Merkel

AROMATISCHE GESCHENKE MIT KRÄUTERN

Kulinarische Genüsse lecker verpackt

Inhalt

Geschenke aus dem Kräutergarten

Kochen und Genießen mit Kräutern ist ein Fest für die Sinne! Denn Kräuter schmecken nicht nur wunderbar, sie bieten meist auch ein besonderes Dufterlebnis. Wir stellen Ihnen ganz verschiedene Rezepte vor, bei denen Kräuter eine Hauptrolle spielen – und zusätzlich bekommen Sie Informationen zu Küchenkräutern sowie zu ihrer Ernte und Haltbarmachung, falls sie bei Ihnen im eigenen Garten oder auf dem Balkon wachsen.

So unterschiedlich die Genüsse für das leibliche Wohl sind, so verschieden sind auch die kreativen Verpackungsideen zu jeder einzelnen Delikatesse. Diese heben die Besonderheit der selbst gemachten Geschenke noch hervor und zeigen, dass Ihnen die beschenkte Person wirklich am Herzen liegt.

Sie finden ganz unterschiedliche Arten der Verpackung, von Schächtelchen mit Fenster über Stoffbeutel bis hin zu pfiffigen Glasverzierungen, die sich im Handumdrehen umsetzen lassen oder auch etwas aufwendiger sind.

Viel Freude und Inspiration für die Kräuterküche, beim eigenen Genießen und beim Verschenken der aromatischen Köstlichkeiten!

Zum Gleichessen

Aus der Küche frisch auf den Tisch – so könnte das Motto für einige der folgenden Köstlichkeiten lauten. Lassen Sie sich überraschen von den wunderbar-vielfältigen Möglichkeiten der Kräuterküche und kochen Sie mit!

guten appetit
guten appetit

Wenn
der Duft von frisch
gebackenen Kräutertaschen
durch die Wohnung zieht, ist das
doch fast wie Urlaub zu Hause!
Aromatische Kräuter verfeinern
auch leckere Brotaufstriche,
raffinierte Grillsoßen oder
einen erfrischenden
Sommertee.

Kräuter-Schnecken

Fingerfood

Bestreuen Sie ein Backblech mit Salz und Pfeffer aus der Mühle. Dann beträufeln Sie es mit Zitronensaft und Olivenöl. Waschen Sie die Zucchini, trocknen Sie sie ab und entfernen Sie Stiel- und Blütenansatz. Schneiden Sie die Zucchini mit einem Spargelschäler der Länge nach in dünne Scheiben, die Sie ausgebreitet nebeneinander auf die Würzmischung auf das Backblech legen.

Die Oliven und die gewaschenen, trocken getupften Kräuter werden auf einem Holzbrett fein zerkleinert. Den Ricotta in eine Schüssel geben, die Knoblauchzehe schälen und durch die Presse dazudrücken. Die Zucchinischeiben übereinander auf einen Teller legen. Die Würzmischung vom Blech zum Ricotta geben und alles mit einer Gabel verrühren. Das Backblech spülen und mit einem Bogen Backpapier bedecken.

Breiten Sie den Pizzateig auf der Arbeitsfläche aus und bestreichen Sie ihn mit dem Ricotta; lassen Sie dabei am Rand beider Schmalseiten des Teiges etwa zwei Finger breit frei. Die Zucchinischeiben gleichmäßig auf den Ricotta legen und darauf die Olivenmischung verteilen.

Den Teig nun aufrollen und die Rolle in 7 Scheiben schneiden. Die Scheiben auf das Backpapier legen, mit Sesam und Parmesan bestreuen und im vorgeheizten Backofen bei 200° C 35–40 Minuten backen.

Die Schnecken schmecken frisch am Tag der Zubereitung am besten. Bei Bedarf können sie eingefroren, bei Zimmertemperatur aufgetaut und in der Mikrowelle kurz erhitzt werden.

Die Verpackungsidee für die Zucchini-Oliven-Schnecken finden Sie auf Seite 14/15.

Zutaten für 7 Schnecken

Salz, Pfeffer
Saft von ½ Zitrone
2 EL Olivenöl
1 mittelgroße Zucchini
10 entsteinte schwarze Oliven
4 Blättchen Salbei
2 frische Lorbeerblätter
½ Bund glatte Petersilie
250 g Ricotta
1 Knoblauchzehe
1 Rolle frischer Pizzateig (400 g)
2 EL geschälter Sesam
1 EL geriebener Parmesan

40 Min. Zubereitung
35–40 Min. Backzeit

Filigrane Schälchen
für die Kräuter-Schnecken

Material

Tortenspitze in Weiß, ø 18 cm
Tapetenkleister
Pinsel
Zellophantüten
Satinband in Rot, 3 mm breit
2 Schaschlikstäbchen
Masking Tape in Rot gemustert
Haushaltsgummi

Um die Papierschalen zu basteln, benötigen Sie ein Gefäß mit einem Durchmesser von 8 cm (z. B. ein Einmachglas). Rühren Sie eine kleine Menge Tapetenkleister nach Herstellerangaben an.

Legen Sie die erste Tortenspitze über das Glas und drücken Sie sie in die Form einer Schale. Pinseln Sie das Papier mit Kleister ein und kleben Sie die nächste Tortenspitze darauf. Kurz antrocknen lassen, dann wieder das Papier einkleistern und ein weiteres Papierröschen daraufkleben. Fahren Sie auf dieselbe Weise fort, bis Sie insgesamt sechs Schichten übereinandergeklebt haben. Wichtig ist, dass Sie die Papiere dabei immer wieder in Form drücken.

Damit das Papier besser in Form bleibt, einfach ein Gummi um das Glas spannen. Das Papier über Nacht trocknen lassen. Danach können Sie das Glas vorsichtig herauslösen.

Füllen Sie die Kräuter-Schnecken in die Zellophantüten und binden Sie sie oben mit dem Satinband zusammen. Für die Fähnchen die Schaschlikstäbchen halbieren und ein ca. 6 cm langes Stück Masking Tape abschneiden. Dieses in der Hälfte um das Ende des Stäbchens knicken und dann zusammenkleben. Schneiden Sie zum Schluss noch die Enden gemäß der Abbildung ein.

Kräuter-Grissini
feiner Knabbergenuss

Mischen Sie Mehl, Grieß, Hefe und Salz in einer Schüssel. Gießen Sie das lauwarme Wasser sowie das Öl dazu und rühren Sie alles mit den Knethaken des Handrührgerätes etwa 10 Minuten durch, bis sich der Teig vom Schüsselrand löst. Zugedeckt 10 Minuten ruhen, aber nicht aufgehen lassen.

Den Teig kneten Sie auf der bemehlten Arbeitsfläche nochmals einige Minuten durch und rollen ihn dann zu einer möglichst dünnen Platte aus. Die Platte bestreuen Sie mit den Kräutern, falten sie einmal zusammen und rollen sie erneut aus.

Mit einem scharfen Messer schneiden Sie die Teigplatte in etwa fingerbreite Streifen, die Sie zu „Würstchen" rollen. Die Grissini auf zwei Backbleche mit Backpapier legen, mit Wasser bestreichen und im vorgeheizten Backofen bei 220° C in 15–20 Minuten goldbraun backen.

Die Grissini können Sie bis zum Verschenken mindestens einen Tag lang aufbewahren. Geben Sie sie dazu aufrecht in ein hohes Gefäß, das Sie in einen kühlen Raum stellen.

Die Verpackungsidee für die Kräuter-Grissini finden Sie auf Seite 18/19.

Zutaten für 45–50 Stück

300 g Mehl
100 g Hartweizengrieß
½ Päckchen Trockenhefe
1 ½ TL Salz
200 ml Wasser
2 EL Olivenöl
je 1 EL frische Thymian- und Rosmarinblättchen
Mehl zum Ausrollen

25 Min. Zubereitung
(ohne Ruhezeit)
15 Min. Backzeit

Papiertüten für die Kräuter-Grissini

Stanzen Sie aus dem dunkelgrünen Karton einen Kreis mit 5 cm Durchmesser aus, der mithilfe einer Lochzange mit einem kleinen Loch für die Kordel versehen wird. Stanzen Sie nun das Motiv aus dem Kreis.

Falten Sie den hellgrünen Fotokarton zu einem „Umschlag", indem Sie den Karton nach 10 cm und nach 11 cm waagerecht falten. Befüllen Sie die Butterbrottüte mit den Grissini und legen Sie diese in den Umschlag. Wickeln Sie abschließend das Garn mit dem Anhänger mehrmals um den Umschlag und verschnüren Sie es mit einer schönen Schleife.

Tipp: Der Anhänger der Papiertüten kann leicht variiert werden, wenn Sie gerade keinen passenden Motivstanzer zur Hand haben: Schreiben Sie einfach mit Ihrem Textverarbeitungsprogramm ein paar Mal hintereinander „für dich" in einer Schrift, die Ihnen gefällt, drucken Sie den Text auf Tonpapier aus und schneiden Sie runde Anhänger zu. Besonders hübsch sieht es aus, wenn der Text leicht schräg läuft.

Material

- Fotokarton in Hellgrün, 10 cm x 21 cm
- Fotokarton in Dunkelgrün, A6
- Motivlocher: Kreis, ø 5 cm
- Lochzange
- Motivlocher: Blatt
- Butterbrottüten
- Kordel in Grün-Weiß

Kräutertaschen mit Feta und Tomaten

Vermischen Sie das Mehl mit Hefe, Zucker und Salz in einer Schüssel, geben Sie Milch, Ei und weiche Butter dazu. Nun rühren Sie alles mit den Knethaken des Handrührgerätes kurz durch, bis sich die Zutaten miteinander verbunden haben. Den Teig mit den Händen etwa 5 Minuten kneten, bis er geschmeidig ist. Lassen Sie den Teig zugedeckt an einem warmen Ort 1 Stunde lang ruhen; er soll nicht richtig aufgehen.

Die vollreifen Tomaten überbrühen, abziehen und würfeln. Die getrockneten Tomaten in Streifen schneiden. Die gewaschenen Kräuter und die geschälte Knoblauchzehe zerkleinern. Alle diese Zutaten mischen Sie in einer Schüssel und schmecken mit Salz, Pfeffer aus der Mühle und Zucker ab.

Den Teig in acht Stücke teilen. Einen Bogen Backpapier mit Mehl bestreuen und jedes Teigstück darauf zu einem dünnen runden Fladen ausrollen. In die Mitte jeden Fladens die Tomatenmischung und zerkrümelten Feta geben. Falten Sie nun die Teigstücke von vier Seiten wie ein Briefkuvert zur Mitte. Dabei die Füllung nur zur Hälfte abdecken.

Den Teig mit Wasser bestreichen, die Taschen mit dem Backpapier auf ein Backblech ziehen und im vorgeheizten Backofen bei 220° C in etwa 20–25 Minuten leicht braun backen.

Die Taschen sollten frisch serviert werden.

Die Verpackungsidee für die Kräutertaschen finden Sie auf Seite 22/23.

Zutaten für 8 Stück

Für den Teig
300 g Mehl + Mehl zum Ausrollen
½ Päckchen Trockenhefe
1 TL Zucker
1 TL Salz
100 ml lauwarme Milch
1 Ei
½ EL Butter

Für den Belag
2 vollreife Tomaten (etwa 250 g)
50 g getrocknete Tomaten
1 Handvoll frischer Oregano, Thymian, Bohnenkraut, Rosmarin und Zwiebelgrün
1 Knoblauchzehe
Salz, Pfeffer
1 Prise Zucker
150 g Feta mit Kräutern

40 Min. Zubereitung (ohne Ruhezeit)
20–25 Min. Backzeit

Säckchen aus Tüchern für die Kräutertaschen

Material
Leinen-Geschirrhandtuch, 50 cm x 70 cm
Fotokarton in Weiß
Cutter mit Schneideunterlage
Kopierer oder PC, Scanner und Drucker

Vorlage Seite 120

Das Motiv für die Papiermanschette auf den Fotokarton kopieren. Sie können es auch einscannen und ausdrucken. Schneiden Sie die Manschette aus und setzen Sie an der Markierung mit dem Cutter einen Schnitt.

Platzieren Sie die abgekühlten Kräutertaschen in der Mitte des Tuches (am besten auf einem Teller). Nehmen Sie die vier Ecken des Tuches nach oben und ziehen Sie sie mit der umgelegten Papier-Manschette zusammen.

Tipp: Die Manschetten, die hier zum Verschließen der Säckchen verwendet werden, können auch eine Flasche zieren. Legen Sie dazu einfach die Manschette um den Flaschenhals und schieben Sie das eine Ende durch den Schlitz.

Kleine Kräutermuffins mit Mozzarella

Setzen Sie die Papierförmchen in die Vertiefungen des Muffinblechs. Teilen Sie den Mozzarella in kleine Stücke. Mischen Sie das Mehl mit Backpulver, Natron, Zucker, Salz, Zitronenschale und Kräutern in einer Schüssel.

Die Milch mit dem Ei und dem Öl im Mixer oder mit einem Schneebesen aufschlagen und zum Mehl gießen. Fügen Sie Mozzarella und Kapern hinzu und verrühren Sie alles mit einem Löffel.

Geben Sie den Teig in die Papierförmchen. Die Tomatenstücke halbieren und jeweils tief in den Teig drücken. Die Muffins im vorgeheizten Backofen bei 200° C etwa 20 Minuten backen, bis sie an der Oberfläche aufgeplatzt und schön gebräunt sind.

Die Muffins schmecken am besten frisch.

Die Verpackungsidee für die Kräutermuffins finden Sie auf Seite 26/27.

Zutaten für 12 Muffins

125 g Mozzarella
250 g Mehl
2 ½ TL Backpulver
½ TL Natron
1 TL Zucker
¼ TL Salz
1 TL geriebene Bio-Zitronenschale
2 EL gehackte Petersilie, Basilikum und Estragon gemischt
250 ml Milch
1 Ei
60 ml Olivenöl
3 EL abgetropfte Kapern
6 Stücke getrocknete Tomaten

10 Min. Zubereitung
20 Min. Backzeit

Nimm Dir einen...
Von mir für Dich gemacht.

Nimm Dir einen...
Von mir für Dich gemacht.

Pomponschachtel für die Kräutermuffins

Übertragen Sie die Vorlage für die Pompons zweimal auf Pappe oder festes Papier und schneiden Sie den äußeren Kreis aus. Von der Größe des äußeren Kreises hängt der spätere Durchmesser des Pompons ab. Schneiden Sie nun auch den inneren Kreis aus. Dabei gilt: Je größer der innere Kreis ist, desto dichter kann der Pompon werden.

Fädeln Sie einen langen Wollfaden in eine Nadel. Wenn Sie den Faden doppelt nehmen, geht es schneller. Umwickeln Sie die Pappringe solange mit dem Faden, bis der komplette Ring dick eingewickelt ist.

Schneiden Sie vorsichtig entlang der Außenkanten der Pappschablonen alle Fäden auf. Mit einem weiteren Faden die losen Fäden in der Mitte fest zusammenschnüren. Entfernen Sie die Pappe – und fertig ist der Pompon! Diesen Vorgang wiederholen Sie noch einmal für den zweiten Pompon.

Kopieren Sie die Vorlage für das Label auf weißes Papier. Alternativ können Sie die Vorlage einscannen und ausdrucken. Schneiden Sie das Schild aus und kleben Sie es auf den Rand der Schachtel. Binden Sie einen Wollfaden einmal umlaufend um die Box. Auf der Vorderseite neben dem Etikett die beiden Pompons an den Faden binden. Legen Sie die Schachtel mit dem Seiden- oder Japanpapier aus und befüllen Sie sie mit den Kräutermuffins.

Material

- Quadratbox in Natur, 12 cm x 12 cm
- Seiden- oder Japanpapier in Hellblau
- Wolle in Rot
- Nadel mit großem Nadelöhr
- Pappe oder festes Papier
- Kopierpapier in Weiß
- Kopierer oder PC, Scanner und Drucker
- Klebestift

Vorlage Seite 122/123

Kleine Warenkunde

Beliebte Küchenkräuter I

Basilikum

Bohnenkraut

Bohnenkraut diente früher vor allem zur Verfeinerung von Bohnengerichten. In der modernen Küche wird Bohnenkraut vielseitiger verwendet, z. B. für Dressings, Saucen oder Suppen. Es kann frisch verwendet, zur Aufbewahrung eingefroren, aber auch problemlos getrocknet werden, da es sein Aroma behält.

Borretsch

Basilikum

Basilikum ist ein wichtiger Bestandteil der südländischen, vor allem aber der italienischen Küche. Es passt hervorragend zu Gerichten mit Tomaten wie Soßen o. Ä. Basilikum sollte frisch verwendet werden, da es getrocknet viel von seinem Aroma verliert, und nicht lange mitgekocht werden.

Bohnenkraut

Borretsch

Borretsch ist leicht zu erkennen an seinen leuchtend blauen Blüten sowie an den behaarten Blättern und Stängeln. Borretsch passt gut zu Salaten und ist traditionell Bestandteil der „Frankfurter Grünen Soße“, einer kalten Kräutersoße, die zu Fleisch oder Kartoffeln gereicht wird. Die blauen Blüten sind essbar und ein besonderer Blickfang auf Salaten oder – kandiert – auf Konfekt.

Brunnenkresse

Brunnenkresse ist im Geschmack der normalen Gartenkresse nicht unähnlich – frisch und etwas scharf – und passt wie letztere gut zu Suppen und Salaten. Brunnenkresse sollte frisch verzehrt und nicht lange gelagert werden, zum Trocknen eignet sie sich nicht.

Brunnenkresse

Dill

Dill

Dill wird häufig zum Würzen von Gerichten mit Salatgurken oder zum Einlegen von Gewürzgurken verwendet. Es passt aber auch hervorragend zu Fisch. Meist werden Dillspitzen – frisch, getrocknet oder gefroren – verwendet.

Kräuterkäsebrett
origineller Hingucker

Mischen Sie Mehl, Hefe, Kräuter und Salz in einer Schüssel. Gießen Sie das lauwarme Wasser und das Öl dazu und rühren Sie alles mit den Knethaken des Handrührgerätes kurz durch, bis sich die Zutaten miteinander verbunden haben. Nun kneten Sie den Teig mit der Hand auf der bemehlten Arbeitsfläche, bis er glatt und geschmeidig ist. Zugedeckt 1 Stunde bei Zimmertemperatur ruhen lassen.

Kneten Sie den Teig auf der bemehlten Arbeitsfläche noch einige Male durch, dann rollen Sie ihn auf Mehl zu einer etwa daumendicken, rechteckigen Platte aus. Legen Sie die Platte auf ein Backblech mit Backpapier und schneiden Sie die Ränder glatt. An beiden Schmalseiten der Platte schneiden Sie je ein halbmondförmiges Stück Teig als „Grifflöcher" aus. Diese „Grifflöcher" stopfen Sie mit Alufolie aus, damit sie beim Backen die Form behalten. Die Teigplatte weitere 20 Minuten gehen lassen.

Das Eigelb mit der Sahne verrühren, die Teigplatte damit bestreichen und im vorgeheizten Backofen bei 180° C in 30 bis 40 Minuten goldbraun backen. Herausnehmen, die Alufolie entfernen und das „Brett" auf einem Kuchengitter ganz abkühlen lassen.

Setzen Sie ein kleines Keramikschälchen mit Mascarponecreme auf das „Brett". Legen Sie Emmentaler und getrocknete Tomaten dazu und garnieren Sie nach Wunsch mit einem Kräutersträußchen.

Das Käsebrett können Sie ohne Belag und in Alufolie gewickelt 2 Tage aufbewahren.

Die Verpackungsidee für das Käsebrett finden Sie auf Seite 32/33.

Zutaten für 1 „Brett"

450 g Weizenvollkornmehl
\+ Mehl für die Arbeitsfläche
1 Päckchen Trockenhefe
1 EL getrocknete Kräuter der Provence
1 ½ TL Salz
250 ml Wasser
2 EL Olivenöl
Mehl zum Ausrollen
1 Eigelb
1 EL Sahne

Außerdem
1 Rezept „Mascarponecreme" von Seite 34
1 Stück Emmentaler
5 Stücke getrocknete Tomaten
Backpapier und Alufolie

45 Min. Zubereitung (ohne Ruhezeit)
30–40 Min. Backzeit

guten appetit

Rustikale Verpackung für das Kräuterkäsebrett

Legen Sie den weißen Stoff auf den karierten Stoff und nähen Sie die beiden Stoffe zusammen. Nun mit den Stempel-Buchstaben und brauner Stempelfarbe »guten appetit« auf das Stoffetikett stempeln. Nach dem Trocknen der Farbe am Stoffrand mithilfe der Variozange ein Loch stanzen. Wechseln Sie den Aufsatz der Zange und befestigen Sie die Öse im Loch.

Befüllen Sie das Kräuterkäsebrett und packen Sie es in Zellophanfolie ein. Mit der Paketschnur dekorativ zusammenbinden und dabei das Etikett befestigen. Nun legen Sie alles auf das passend zurechtgeschnittene Laminatmuster.

Tipp: Anstelle des Laminatmusters können Sie natürlich auch ein ganz normales Küchenbrett verwenden.

Material

- Laminatmuster in Holzoptik (aus dem Baumarkt)
- Stoff in Rot-Weiß kariert, 8 cm x 5 cm
- Stoff in Weiß, 6 cm x 4 cm
- Nähgarn in Braun
- Stempelbuchstaben »guten appetit«
- Stempelfarbe in Braun
- Variozange
- Öse in Gold
- Zellophanfolie
- Paketschnur

Mascarponecreme fürs Sommerpicknick

Die Pinienkerne rösten Sie bei mittlerer Hitze in einer kleinen Pfanne ohne Fettzugabe, bis sie rundherum leicht gebräunt sind. Dabei die Pfanne immer wieder kräftig rütteln, damit die Kerne gleichmäßig bräunen. Achtung: Die Kerne verbrennen rasch, wenn die Hitze zu stark ist. Auf einen Teller zum Abkühlen geben.

Die Basilikumblättchen abzupfen und fein zerkleinern. Den Schnittlauch in feine Röllchen schneiden.

Rühren Sie den Mascarpone mit einer Gabel glatt. Mischen Sie Pinienkerne, Basilikum und Schnittlauch unter. Schmecken Sie mit einer kräftigen Prise Salz und mit Pfeffer aus der Mühle ab.

Die Mascarponecreme sollte am Tag der Zubereitung gegessen werden.

Die Verpackungsidee für die Mascarponecreme finden Sie auf Seite 36/37.

Zutaten für 6 Portionen

50 g Pinienkerne
1 Töpfchen Basilikum
½ Bund Schnittlauch
250 g Mascarpone
Salz, weißer Pfeffer

20 Min. Zubereitung

danke

Packpapiertüten für die Mascarponecreme

Übertragen Sie für das Etikett die Vorlage mithilfe einer Schablone auf den weißen Karton. Schneiden Sie das Etikett aus. Den runden Aufkleber am oberen Rand aufkleben. Mit der Lochzange ein Loch in den Kreis stanzen. Kleben Sie dann einen Streifen Masking Tape senkrecht auf den unteren Teil. Dieser kann nun z. B. mit einer Schablone oder von Hand beschriftet werden.

Binden Sie um den Glashals jeweils ein Stück Satinband und Kordel. Stellen Sie das Glas in die Papiertüte und schneiden Sie vom oberen Rand der Tüte mit einer Konturenschere ein etwa 1 cm breites Stück ab. Klappen Sie den oberen Rand der Papiertüte um und binden Sie zum Abschluss das Etikett mit dem Garn um die Papiertüte.

Material

- Schraubverschluss-Glas mit schwarzem Deckel, 250 ml
- Papiertüten in Braun
- Tonkarton in Weiß, A4
- Masking Tape in Gelb
- runde Aufkleber in Blau, ø 1 cm
- Lochzange
- Konturenschere
- evtl. Buchstabenschablone
- Kordel in Rot-Weiß
- Satinband in Rot, 3 mm breit
- Kopierer oder PC, Scanner und Drucker

Vorlage Seite 121

Grillsoße mit Erdbeeren und Kräutern

Grillsoße
Waschen Sie die Erdbeeren und zupfen Sie die Stielchen mit den Blättern ab. Pürieren Sie die Früchte mit Kirschsaft, Frischkäse, Puderzucker, Kokoscreme und Zitronensaft im Mixer oder mit dem Zauberstab.

Die Kräuterblättchen waschen, trocken tupfen, fein zerkleinern und unter die Soße mischen. Mit Zucker und Pfeffer aus der Mühle abschmecken.

Die Erdbeersoße sollten Sie in der verschlossenen Flasche kühlen und am Tag der Zubereitung verschenken.

Die süß-pikante Soße schmeckt zu Käse, Würstchen, Schweinefleisch, Marshmallows, Obst und Gemüse vom Grill.

Stoffbeutel
Legen Sie die beiden Stoffteile rechts auf rechts aufeinander und nähen Sie sie an den Seiten zusammen, wobei Sie die obere Öffnung und auf jeder Seite eine etwa 1 cm große Lücke gemäß der Markierungen auf der Vorlage aussparen. Schlagen Sie den oberen Rand des Beutels nach außen um und nähen Sie ihn rundherum fest. Drehen Sie nun den Stoffbeutel auf rechts. Am oberen Rand des Beutels ist ein Tunnel entstanden, in den Sie jetzt die Kordel einfädeln können. Knoten Sie dazu ein Kordelende an der Sicherheitsnadel fest. Schieben Sie die Sicherheitsnadel Stück für Stück durch den Tunnel, bis sie wieder am Anfangspunkt herauskommt.

Übertragen Sie das Herz-Motiv auf den Beutel und sticken Sie es mit der Kordel mit Kreuzstichen nach. Das rote Etikett beschriften und auf das Glas kleben, das Sie in den Beutel stellen. Nun kann der Beutel mit einem Band verschlossen werden.

Material

Schraubglas mit Deckel, 150 ml
Leinenstoff in Natur
Nähgarn
Satinband in Rot, 3 mm breit
Stecknadeln
Kreide
Nähmaschine
Sicherheitsnadel
Kordel in Rot-Weiß
Haushaltsetiketten in Rot
Kopierer oder PC, Scanner und Drucker

Vorlage Seite 121

Zutaten für 1 Flasche à 500 ml

200 g Erdbeeren
125 ml Kirschsaft
150 g Rahmfrischkäse
1 EL Puderzucker
3 EL Kokoscreme (Dose)
2 EL Zitronensaft
1 Handvoll Blättchen von Sauerampfer, Pimpinelle, Majoran, Borretsch und Basilikum gemischt
brauner Rohrzucker
weißer Pfeffer

15 Min. Zubereitung

SALBEI

MINZE
ROSMARIN

B
WECK

Erfrischender Sommertee mit Minze

Material
Karaffe mit Klammerverschluss, ½ l
Siegelwachs in Rot
Siegelstempel
Stempelfarbe in Gold
Papiergarn in Hellblau

Sommertee
Die Minze waschen und in eine Flasche oder einen Krug geben. Fügen Sie den Saft der Zitrone, die Konfitüre und den Zimt-Zucker hinzu.

Überbrühen Sie den Tee in einer anderen Kanne mit etwa 1 Liter kochendem Wasser und lassen Sie ihn 3 Minuten ziehen. Dann gießen Sie ihn durch ein Sieb zur Minzemischung.

Tipp: Der Tee schmeckt lauwarm, kalt oder eisgekühlt. Wenn Sie keinen schwarzen Tee mögen, nehmen Sie grünen Tee oder nur Wasser und die doppelte Menge Minze.

Siegel
Legen Sie das Papiergarn um den Flaschenhals, kreuzen Sie es vorne und lassen Sie das flüssige Siegelwachs darauftropfen, bis ein Kreis von ca. ø 1 cm entsteht. Den Siegelstempel in das noch heiße Wachs drücken und nach kurzer Ruhezeit vorsichtig herauslösen. Abschließend etwas goldene Stempelfarbe auf den hervorstehenden Teil des Siegels tupfen.

Zutaten für 1 Liter

2 Handvoll Pfefferminze, Ananasminze oder Orangenminze
Saft von 1 Zitrone
1 EL Erdbeer- oder Himbeerkonfitüre
1 gehäufter TL Zimt-Zucker
1 EL Assamtee

10 Min. Zubereitung

Potted Cheese
leckerer Brotaufstrich

Raspeln Sie den Chester oder schneiden Sie ihn in ganz kleine Würfel. Den Estragon waschen, trocken tupfen, die Blättchen abzupfen und fein zerkleinern.

Verrühren Sie die Butter mit Frischkäse, Sherry und Senf. Mischen Sie Chester und Estragon darunter und schmecken Sie mit Cayennepfeffer sowie Salz ab.

Das sauber gespülte, abgetrocknete Gefäß bis knapp unter den Rand so mit der Käsecreme füllen, dass möglichst keine Luftlöcher bleiben. Nun lassen Sie das Butterschmalz bei schwacher Hitze flüssig werden und gießen es zum „Versiegeln" auf den Potted Cheese.

Der Käse hält sich im Kühlschrank etwa 1 Woche.

Tipp: Potted Cheese aus England schmeckt lecker als Brotaufstrich. Oft wird der Käse zum Aufbewahren auch mit Edelpilzkäse wie Stilton, Roquefort oder Gorgonzola zubereitet. Zur Steigerung des Aromas verwendet man außer Senf und Pfeffer auch Muskat oder Macis.

Die Verpackungsidee zum Potted Cheese finden Sie auf Seite 46/47.

Zutaten für 8 Portionen

150 g Chesterkäse
2 Zweige Estragon
150 g weiche Butter
200 g Frischkäse
1 EL Sherry medium
1 EL Kräutersenf
Cayennepfeffer, Salz
1-2 EL Butterschmalz

20 Min. Zubereitung

Blumentöpfe für den Potted Cheese

Schneiden Sie mit der Zackenschere den Stoff in den angegebenen Maßen zurecht. Stanzen Sie aus dem cremefarbenen Karton einen Kreis mit 5 cm Durchmesser und aus dem Transparentpapier einen etwas größeren Kreis (ø 6 cm). Lochen Sie die beiden Kreise mit der Lochzange.

Bestempeln Sie den cremefarbenen Karton mit Ihrem gewünschten Motiv. Anschließend ziehen Sie das Satinband nacheinander durch die beiden gelochten Anhänger, zuerst durch den aus Transparentpapier.

Nun können Sie den Stoff mittig in den Blumentopf legen. Das mit dem Potted Cheese gefüllte Glas in den Blumentopf stellen und die Enden mit dem Band und den Anhängern zusammenbinden.

Material

- Terrakotta-Blumentopf
- Satinband in Weiß, 3 mm breit
- Tonkarton in Creme
- Transparentpapier in Weiß
- Leinenstoff in Beige, 25 cm x 25 cm
- Zackenschere
- Motivlocher: Kreis, ø 5 cm und ø 6 cm
- Lochzange
- Stempel mit Vogel- und Nestmotiv
- Stempelfarbe in Braun

Zum Würzen

Was in südländischen Breitengraden schon lange gute Tradition hat, bereichert mittlerweile glücklicherweise auch unsere Küche immer mehr: konzentrierter Geschmack von sonnengereiften Oliven, Paprikas oder Chilis als Würzpaste oder leckerer Brotaufstrich.

Kleiner Snack
Kleiner Snack

Die folgenden Delikatessen wie z. B. Tapenade, Kräutersenf oder Minzsauce stehen nicht gern für sich allein, sondern entfalten ihre aromatische Wirkung beim Würzen von Suppen und Soßen oder machen sich gut zu Braten und auf frischem Brot.

Eingelegte Oliven in Kräutermarinade

Material
Sturzglas mit Schraubverschluss, 370 ml
Zellophantüte, 11,5 cm x 19 cm
alter Stadtplan oder alte Landkarte
Ösenzange
2 Ösen in Gold
Stoffrest in Blau, 12 cm x 12 cm
Geschenkband in Schwarz

Zutaten für 8 Portionen

4 Zweige Estragon
4 Zweige glatte Petersilie
1 Zweig Dill
2 Knoblauchzehen
1 Schalotte
4 EL Balsamessig
500 g schwarze Oliven, eventuell entsteint
100 ml bestes Olivenöl

10 Min. Zubereitung

Oliven in Kräutermarinade
Waschen Sie die Kräuter und zupfen Sie alle Blättchen ab. Den Knoblauch und die Schalotte schälen und fein zerkleinern.

Mischen Sie alle diese Zutaten mit Essig, Oliven und Öl und lassen Sie die Oliven vor dem Verschenken 1 bis 2 Tage zugedeckt im Kühlschrank durchziehen.

Die Oliven halten gekühlt im geschlossenen Glas etwa 1 Woche.

Tüten mit Header
Schneiden Sie aus einem alten Stadtplan oder einer Landkarte ein 11,5 cm breites und 10 cm hohes Rechteck. Falten Sie es einmal in der Hälfte entlang der langen Kante. Legen Sie nun den Stoff mittig auf das mit den Oliven gefüllte und geschlossene Glas. Fixieren Sie den Stoff mit dem Geschenkband, das Sie mit einem Knoten schließen.

Stellen Sie das Glas in die Zellophantüte, die Sie an der Öffnung zweimal umschlagen. Stülpen Sie das gefaltete Papier über den Tütenrand. Mit der Ösenzange werden nun zwei Ösen waagerecht zueinander gesetzt. Diese verbinden das Etikett und das Zellophan. Abschließend ziehen Sie das Band durch die Ösen und verknoten es auf der Vorderseite zu einer Schleife.

ROME (MODERN)
PIAZZA D'ARMI

Tapenade mit Fenchel

Olivenpaste aus Südfrankreich

Geben Sie die Oliven und die Mandeln in ein hohes Gefäß und fügen Sie die Sardellenfilets hinzu, die Sie kurz unter kaltem Wasser abgespült haben, damit sie nicht zu salzig sind. Nun alles mit dem Stabmixer pürieren. Die Kapern gießen Sie auf ein kleines Sieb und lassen sie etwas abtropfen. Zusammen mit dem Fenchelgrün auf ein Brett geben und mit dem Wiegemesser fein hacken.

Mischen Sie Kapern, Fenchel und Senf unter die Olivencreme. Dann das Öl in dünnem Strahl zugießen und alles mit den Quirlen des Handrührgerätes rühren, bis eine glatte Creme entstanden ist. Zum Schluss schmecken Sie die Tapenade mit Salz, Pfeffer aus der Mühle und Zitronensaft ab.

Mit Olivenöl bedeckt ist die Tapenade im Kühlschrank etwa 2 Wochen haltbar.

Tipp: Sie können die Tapenade auch speziell für geröstete Baguettescheibchen zubereiten, indem Sie noch 2 Esslöffel Crème fraîche und 1 Esslöffel gehacktes Basilikum unter die fertige Creme rühren.

Die Verpackungsidee für die Tapenade finden Sie auf Seite 56/57.

Zutaten für 4 Gläser à 150 ml

300 g entsteinte schwarze Oliven
1 EL gehackte Mandeln
2 Sardellenfilets in Salzlake (Glas)
2 Gläser Kapern (Abtropfgewicht je etwa 60 g)
2 Zweige zartes Fenchelgrün
1 TL scharfer französischer Senf
⅛ l natives Olivenöl extra
Salz, Pfeffer
einige Tropfen Zitronensaft

35 Min. Zubereitung

Schachteln mit Fenster für die Tapenade

Material
Schraubglas, 25 ml
Leinenstoffreste in Grau
Kordel in Rot-Weiß
Tonkarton in Weiß
Zellophanfolie, 3 cm x 3 cm
Cutter mit Schneideunterlage
Falzbein
Klebstoff
doppelseitiges Klebeband
Stoffband in Grün
Kopierer oder PC, Scanner und Drucker

Vorlage Seite 122

Schachtel

Übertragen Sie die Vorlage der Schachtel auf den weißen Tonkarton – oder scannen Sie die Vorlage ein und drucken Sie sie auf Karton aus. Schneiden Sie die Schachtelform aus, das Rechteck dient als kleines Fenster, dieses am besten mit einem Cutter ausschneiden.

Ziehen Sie die Falzlinien mit dem Falzbein nach, anschließend knicken und vorfalten. Die Ränder des Rechtecks auf der Innenseite mit etwas Klebstoff einstreichen, die Zellophanfolie darauflegen, andrücken und kurze Zeit trocknen lassen.

Die unteren Einschlaglaschen der Box mit doppelseitigem Klebeband bekleben und die Schachtel zusammenfalten. Die gefüllte Schachtel verzieren Sie mit einem Stück Stoffband, das Sie an der Oberseite verknoten.

Stoffhaube

Schneiden Sie aus den Stoffresten ein Quadrat etwa der Größe 4 cm x 4 cm. Legen Sie es zentriert auf den Deckel des mit der Tapenade gefüllten Glases. Das rot-weiße Garn mehrfach um den Deckel wickeln und eine hübsche Schleife binden. Wenn Sie wollen, können Sie das Häubchen noch mit einem Papierkreis verzieren.

Englische Mintsauce

der Klassiker zu Lamm

Englische Mintsauce

Die Minzeblätter waschen, trocken tupfen und fein zerkleinern. In das Glas geben und mit einem Löffel hineindrücken, damit das Glas dicht gefüllt ist. Das kochende Wasser zugeben und alles zugedeckt etwa 10 Minuten ziehen lassen.

Nun fügen Sie Zucker und Essig hinzu und rühren gründlich um. Mit einer Prise Salz abschmecken und zugedeckt im Kühlschrank aufbewahren.

Die Mintsauce hält sich im Kühlschrank etwa 2 Wochen.

Tipp: Die Mintsauce ist die typische Beilage zu Lammbraten mit neuen Kartoffeln oder zu Lammkoteletts vom Grill.

Gläserschmuck

Stanzen Sie aus dem Scrapbook-Papier mit dem Kreisstanzer an einer vom Motiv her gut geeigneten Stelle ein rundes Etikett. Legen Sie es auf das gefüllte Glas. Ziehen Sie das Band durch die Knopflöcher und legen Sie den Knopf auf den Deckel. Das Band einmal um das Glas legen und unter dem Knopf zusammenknoten.

Material

- Sturzglas mit Deckel
- Holzknöpfe
- Scrapbook-Papier in Grün gemustert
- Motivlocher: Kreis, ø 5 cm
- Satinband in Rosa, 3 mm breit

Zutaten für 1 Glas à 150 ml

- etwa 3 Handvoll Minzeblätter
- 4 EL kochendes Wasser
- 3 gestrichene TL brauner Rohrzucker
- 4 EL Weißwein- oder Sherryessig
- 1 Prise Salz

20 Min. Zubereitung

Mintsauce

Kleine Warenkunde

Beliebte Küchenkräuter II

Estragon

Gartenkresse

Die Gartenkresse kommt in der Küche meist als Keimling zum Einsatz. Sie schmeckt roh etwas scharf und wird in Kräuterquark oder Frischkäsebrotaufstrichen verwendet. Kresse harmoniert außerdem sehr gut mit Eierspeisen.

Kerbel

Estragon

Estragon wird gerne zur Herstellung von Soßen verwendet, wie zum Beispiel der Sauce béarnaise, und ist neben Schnittlauch, Kerbel und Petersilie Bestandteil der klassischen französischen Gewürzmischung „Fine herbes“. Estragon zeichnet sich durch einen süßherben Geschmack aus, der an Anis oder Fenchel erinnert.

Gartenkresse

Kerbel

Kerbel ist im Geschmack der Petersilie nicht unähnlich und wird gerne zum Verfeinern von Suppen, Salaten und Gemüse verwendet. Kerbel ist traditionellerweise Bestandteil der Kräutermischungen „Fine herbes“ und auch der „Frankfurter Grünen Soße“. Er sollte frisch zu den Speisen gegeben und nicht lange mitgegart werden.

Liebstöckel

Liebstöckel, auch Maggikraut genannt, erinnert im Geschmack an die Flüssigwürze Maggi. Liebstöckel wird für Suppen, Salate und Eintöpfe verwendet und kann mitgegart werden. Das Kraut schmeckt sehr intensiv und sollte daher vorsichtig dosiert werden.

Liebstöckel

Majoran

Majoran

Majoran passt besonders gut zu deftigen Gerichten und Rezepten mit Schweinefleisch oder Kartoffeln und ist eine beliebte Zutat in Leberwurst. Als aus dem Mittelmeerraum stammendes Kraut wird Majoran aber auch in der mediterranen Küche verwendet.

Eingesalzenes Gemüse für Suppen und Soßen

Waschen Sie das Gemüse und die Kräuter, putzen und zerkleinern Sie dann alles grob. Zusammen mit den getrockneten Tomaten in einem Mixer pürieren – eventuell portionsweise. In ein Sieb geben und über einer Schüssel abtropfen lassen.

Schmecken Sie das Gemüse mit Zitronensaft und Salz ab und füllen Sie es in die kochend heiß ausgespülten Gläser. Jeweils mit etwa 1 Teelöffel Öl bedecken. Die Gläser verkorken, das Gemüse dunkel und kühl lagern.

Das eingesalzene Gemüse hält sich etwa 5 Monate.

Tipp: Verwenden Sie das eingesalzene Gemüse als vegetarische Suppen- und Soßenwürze. Das Salz sorgt für die Konservierung, damit nichts schimmelt. Wer es schärfer mag, püriert noch eine Chilischote mit dem Gemüse. Der abgetropfte Saft schmeckt ebenfalls als Suppenwürze; allerdings sollten Sie diesen schnell verbrauchen.

Die Verpackungsidee für eingesalzenes Gemüse finden Sie auf Seite 66/67.

Zutaten für 6 Gläser à ca. 120 ml

1 mittelgroße Fenchelknolle mit Grün
1 mittelgroße grüne oder gelbe Paprikaschote
1 mittelgroße Möhre
100 g Knollensellerie
4 Zweige Petersilie
1 TL abgezupfte Rosmarinblättchen
100 g getrocknete Tomaten
1 EL Zitronensaft
3 EL Meersalz
etwas Olivenöl

45 Min. Zubereitung

Schachteln

für das eingesalzene Gemüse

Die Vorlage für die Schachtel auf das Scrapbook-Papier übertragen und die Falzlinien mit einem Falzbein nachziehen. Die Form ausschneiden, knicken und zusammenkleben. Stanzen Sie einen Kreis aus dem Fotokarton und bestempeln Sie ihn.

Anschließend den Text auf weißes Papier ausdrucken. Schneiden Sie den Schriftzug aus und kleben Sie ihn auf das Etikett.

Das mit dem eingesalzenen Gemüse befüllte Glas in die Schachtel setzen. Am oberen Rand der Schachtel zwei Löcher für die Klammern einstechen. Nun können Sie die Schachtel mit den beiden Musterbeutelklammern verschließen. Das Etikett binden Sie abschließend mit dem Schleifenband seitlich um die Schachtel.

Material

- Scrapbook-Papier (200 g/m²) mit Vintagemuster
- Klebstoff
- Motivlocher: Kreis, ø 5 cm
- Fotokarton in Creme
- Stempel: Zweigmotiv
- Stempelfarbe in Rot
- Kopierpapier in Weiß
- Kopierer oder PC, Scanner und Drucker
- 2 Musterbeutelklammern
- Schleifenband in Grün-Weiß gestreift

Vorlage Seite 123

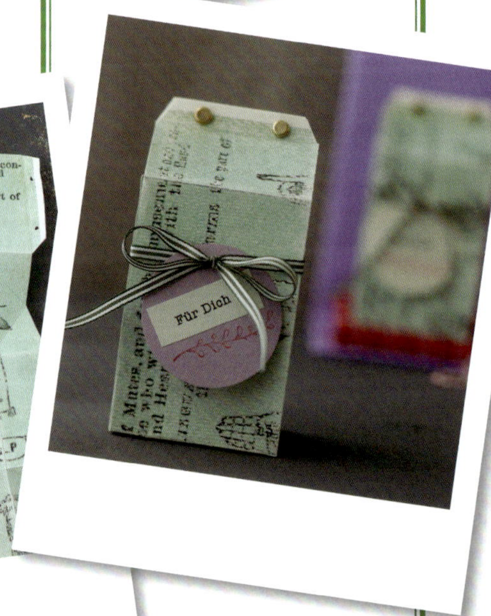

Für Dich
Für Dich

Scharfe Chilipaste mit Zitrone und Rosmarin

Waschen und putzen Sie die Paprikaschote und die Chilischoten. Falls die Chilis sehr scharf sind, sollten Sie Küchenhandschuhe beim Putzen tragen und alle Kerne und Trennwände aus den Schoten entfernen. Paprika und Chilis in Stücke schneiden. Die geschälte Zwiebel zerkleinern Sie grob.

Erhitzen Sie das Öl in einer Pfanne und braten Sie Zwiebel, Paprika, Chili und Rosmarin darin an, bis die Zwiebel glasig ist. Nun geben Sie Paprika, Chili und Zwiebel in einen Mixer und pürieren die Mischung fein oder grob – ganz nach Wunsch.

Alles zurück in die Pfanne zum Rosmarin geben, mit Zitronensaft, Zitronenschale, Zucker und Salz würzen und bei starker Hitze unter ständigem Rühren zu einem dicken Püree einkochen. Heiß in die kochend heiß ausgespülten Drahtbügelgläschen füllen und verschließen.

Die Paste hält sich im verschlossenen Glas im Kühlschrank etwa 4 Wochen.

Tipp: Sie können die Paste scharf oder mild zubereiten, je nachdem, ob Sie mehr Paprikaschoten oder mehr Chilischoten verarbeiten. Die Paste dient als Würze für Suppen, Soßen und Brotaufstriche.

Die Verpackungsidee für die Chilipaste finden Sie auf Seite 70/71.

Zutaten für 3 Gläser à 70 ml

1 rote Paprikaschote (ca. 125 g)
150 g rote Chilischoten
1 kleine Zwiebel
1 EL Olivenöl
3 kleine Zweige Rosmarin
Saft von ½ Zitrone
½ TL abgeriebene Bio-Zitronenschale
2 EL Zucker
2 TL Salz

30 Min. Zubereitung

Gepunktete Säckchen

für die Chilipaste

Stoffbeutel

Übertragen Sie das Schnittmuster mit der Kreide auf den Stoff. Schneiden Sie alle Teile aus und geben Sie dabei rundherum etwa 1 cm Nahtzugabe zu.

Nähen Sie zuerst alle Seitenteile nacheinander am Bodenteil fest: Legen Sie dafür jeweils ein Seitenteil rechts auf rechts auf das Bodenteil und nähen Sie die beiden Stoffteile an der Kante mit einer geraden Naht zusammen. Verfahren Sie mit den übrigen 3 Seitenteilen genauso. Stecken Sie nun die Seitenteile mit Stecknadeln an den Kanten zusammen. Nähen Sie diese Kanten mit geraden Nähten zusammen. Versäubern Sie die obere Kante des Beutels mit einer Zickzacknaht. Schlagen Sie die obere Kante etwa 2 cm nach innen um und vernähen Sie diese Kante mit einer hübschen Naht.

Schneiden Sie ein 25 cm langes Stück Klebeband ab und legen Sie es mit der Klebefläche nach oben vor sich hin. Schneiden Sie vom Draht ebenfalls ein 25 cm langes Stück ab und legen Sie dieses auf das Klebeband. Kleben Sie nun einen zweiten, 25 cm langen Streifen auf den ersten über den Draht. Nun können Sie das Band um den Stoffbeutel legen und es hübsch zusammenbiegen.

Material

- Stoff in Rot-Weiß gepunktet
- Schere
- Schneiderkreide
- Stecknadeln
- Nähgarn
- Nähmaschine
- Klebeband in Silber
- dünner Draht

Vorlage Seite 120

Kleine Warenkunde

Beliebte Küchenkräuter III

Minze

Oregano

Oregano spielt – wie Basilikum auch – in der südländischen Küche eine große Rolle. Vor allem für Pizzen wird Oregano gerne verwendet. Er passt gut zu Gemüse, besonders zu Tomaten, aber auch zu kurz gebratenem Fleisch. Oregano erinnert im Geschmack an Thymian und Majoran, ist aber intensiver.

Petersilie

Minze

Minze ist eines der beliebtesten Kräuter überhaupt. Sie wird gerne für kalte und heiße Getränke wie Tee oder Cocktails verwendet, ist aber auch aus der Küche nicht wegzudenken. Sie ist ideal zum Aromatisieren von Süßspeisen und passt zu herzhaften Gerichten wie Taboulé.

Oregano

Petersilie

Grundsätzlich ist zwischen glatter und krauser Petersilie zu unterscheiden. Petersilie ist Teil des Suppengrüns sowie des „Bouquet garni" und wird als solche gleich zu Beginn des Garprozesses zum Gericht gegeben. In aller Regel wird Petersilie aber nur kurz erhitzt, da sonst das typische Aroma verloren geht.

Pimpinelle

Pimpinelle, auch Bibernelle genannt, hat einen würzig-frischen Geschmack, der ein wenig an Gurke erinnert. Pimpinelle sollte grundsätzlich erst zum fertigen Gericht gegeben werden, da sie durch längeres Garen das Aroma verliert. Sie harmoniert gut mit Quark, Fisch, Eierspeisen und Gemüse und schmeckt im Salatdressing und in der Kräuterbutter. Pimpinelle eignet sich nicht zum Trocknen.

Pimpinelle

Rosmarin

Rosmarin

Rosmarin hat einen sehr würzig-intensiven, leicht bitteren Geschmack und sollte daher vorsichtig dosiert werden. Es ist eines der bekanntesten und beliebtesten mediterranen Kräuter und z. B. Teil der Kräutermischung „Herbes de Provence". Rosmarin wird mitgegart, sodass sich das Aroma ideal entfaltet, und es kann frisch oder getrocknet zu den Speisen gegeben werden.

Genuss für später

Wenn einmal viel Zeit zum Kochen ist, vielleicht sogar gemeinsam mit Freunden oder der Familie, können Sie kulinarische Genüsse mit frischen oder getrockneten Kräutern auch gleich in größeren Mengen auf Vorrat „produzieren“.

Diese Leckereien, die Sie auf Vorrat kochen können, eignen sich besonders gut, um lieben Menschen eine kulinarische Freude zu machen. Eine dekorative Verpackung bildet dann noch das krönende i-Tüpfelchen und macht das Geschenk zu etwas ganz Besonderem.

Griebenschmalz mit Thymian und Apfel

Schneiden Sie den Schweinebauch mit der Schwarte in kleine Würfel. Geben Sie die Würfel in eine große Pfanne. Nun bei mittlerer bis schwacher Hitze etwa 15 Minuten braten, bis die Würfel glasig sind, dabei immer wieder umrühren.

Während der Bratzeit schälen Sie die Zwiebeln und den Apfel und zerkleinern beide Zutaten fein; dabei entfernen Sie auch das Kerngehäuse des Apfels. Den Thymian waschen, trocken tupfen und die Blättchen abzupfen.

Nun mischen Sie Zwiebeln, Apfel, Thymian, Salz und Paprika unter den Schweinebauch und braten alles weitere 15 Minuten, bis die Grieben knusprig sind. Dabei die Temperatur eventuell höher schalten und ständig umrühren, damit nichts zu dunkel wird.

Das fertige Griebenschmalz füllen Sie in das Gefäß zum Verschenken und lassen es darin abkühlen.

Griebenschmalz hält sich zugedeckt im Kühlschrank etwa 1 Woche, danach verliert es an Aroma.

Die Verpackungsidee für das Griebenschmalz finden Sie auf Seite 80/81.

Zutaten für 6 Portionen

500 g fetter roher Schweinebauch
2 Zwiebeln
1 säuerlicher Apfel
4 Zweige Thymian
1 TL Salz
1 TL edelsüßes oder scharfes Paprikapulver

40 Min. Zubereitung

Nostalgische Töpfchen

für das Griebenschmalz

Das Transparentpapier hat glatte Schnittkanten, den Tonkartonstreifen schneiden Sie in der angegebenen Größe mit der Zackenschere zu. Stanzen Sie mit dem Motivlocher einen Kreis aus dem Scrapbook-Papier. Anschließend wird der Anhänger mit der Lochzange am Rand gelocht.

Nehmen Sie die Papierstreifen und legen Sie sie in der Mitte über die mit dem Griebenschmalz gefüllten Löwenkopfterrinen. Die Papierenden werden jeweils rechts und links nach unten umgeschlagen und mit einem kleinen Stück Klebefilm festgeklebt. Zum Schluss binden Sie das Band um die Terrine und befestigen dabei mittig den Anhänger.

Material

Löwenkopfterrine, 130 ml
Schleifenband in Braun gepunktet, 1 cm breit
Transparentpapier in Weiß, 4 cm x 20 cm
Tonkarton in Weiß, 2,5 cm x 20 cm
Scrapbook-Papier in Holzoptik
Lochzange
Konturenschere mit Zackenrand
Motivlocher: Kreis, ø 2 cm
Klebefilm

Kleine Warenkunde

Beliebte Küchenkräuter IV

Salbei

Salbei

Salbei ist leicht an den pelzigen, silbrig schimmernden Blättern und dem charakteristischen Duft zu erkennen. Salbei passt sehr gut zu Fleisch – z. B. dem bekannten italienischen Gericht „Saltimbocca" – und entwickelt sein Aroma am besten durch längeres Mitgaren und unter Verwendung von Fett. Nicht umsonst wird z. B. Salbeibutter gerne zu gefüllter Pasta gereicht.

Schnittlauch

Schnittlauch zeichnet sich durch seinen würzig-frischen Geschmack aus, der an Zwiebeln erinnert. Er passt gut zu Quark, Eierspeisen, Suppen, Fisch oder Kartoffeln. Gerne wird Schnittlauch auch einfach auf ein Butterbrot gestreut. Schnittlauch sollte nicht mitgegart werden, da er sonst seine Vitamine und sein Aroma verliert.

Schnittlauch

Thymian

Thymian ist Bestandteil der beliebten Kräutermischungen „Fines Herbes", „Bouquet garni" und „Herbes de Provence". Er passt gut zu mediterranem Gemüse, aber auch zu Schmorgerichten. Sein ganzes Aroma entfaltet Thymian erst bei längerem Garen. Thymian kann frisch oder getrocknet verwendet werden; dann schmeckt er aber wesentlich intensiver und muss daher vorsichtiger dosiert werden.

Zitronenmelisse

Thymian

Zitronenmelisse

Zitronenmelisse zeichnet sich – wie der Name schon sagt – durch ein zitronig-minziges Aroma aus. Sie wird gerne zum Aromatisieren von Likören und fruchtigen Süßspeisen verwendet, kann aber auch einem Salatdressing eine besondere Note verleihen. Zitronenmelisse sollte grundsätzlich frisch zu den Speisen gegeben und niemals mitgegart werden. Beliebt sind die Blätter der Zitronenmelisse auch zum Dekorieren von Desserts.

Eingelegte Dillheringe

Genuss aus dem hohen Norden

Wässern Sie die Heringsfilets etwa 30 Minuten, damit sie nicht zu salzig sind. Dabei das Wasser einmal wechseln. Die Fischfilets dann abgießen, trocken tupfen und in 2 cm breite Stücke schneiden.

Die Zwiebel schälen und fein hacken. Den Dill waschen, trocken tupfen, die Blättchen abzupfen und fein zerkleinern. Die Dillblüten nur waschen und trockenschütteln.

Den Essig, die Brühe, den Honig, die grob zerdrückten Pimentkörner und eine kräftige Prise Pfeffer aus der Mühle in einem Topf aufkochen und abkühlen lassen. Zwiebeln und zerkleinerten Dill unterrühren.

Geben Sie die Heringe mit den Dillblüten in das sauber gespülte, hohe Glas und gießen Sie die Marinade darüber. Die Heringe lassen Sie dann im verschlossenen Glas etwa 2 Tage im Kühlschrank durchziehen.

Die Heringe halten sich im Kühlschrank etwa 1 Woche.

Tipp: Eingelegte Dillheringe schmecken mit Roggenbrot und Butter oder mit gebackenen Kartoffeln.

Die Verpackungsidee für die Dillheringe finden Sie auf Seite 86/87.

Zutaten für 6 Portionen, für ein Glas von etwa 1,5 l

8 Salzheringsfilets
1 mittelgroße Zwiebel
2 Bund Dill
1 Handvoll Dillblüten
100 ml Apfelessig
100 ml Gemüsebrühe
3 EL Honig
8 Pimentkörner
frisch gemahlener Pfeffer

30 Min. Zubereitung (ohne Ruhe- und Abkühlzeit)

Stoffverpackungen
für die eingelegten Dillheringe

Material
Schraubglas, 230 ml
Stoff in Blau-Weiß gestreift, 30 cm x 30 cm
Nähmaschine
Nähgarn in Blau
Einweg-Holzgabeln
Stempel: längliches Fischmotiv
Stempelfarbe in Rot

Bügeln Sie an allen vier Seiten des Stoffes einen Saum von 1 cm um und schlagen Sie diesen noch einmal ein. Steppen Sie dann den Saum schmalkantig mit der Nähmaschine ab.

Stellen Sie das befüllte und verschlossene Glas in die Mitte des Stoffes. Führen Sie zwei gegenüberliegende Ecken nach oben und verknoten Sie sie über dem Gefäß. Wiederholen Sie das Ganze mit den anderen beiden Ecken.

Tragen Sie Stempelfarbe auf den Stempel auf. Der Stempelabdruck wird am schönsten, wenn Sie den Stempel ein paar mal sanft auf das Stempelkissen tupfen. Stempeln Sie das Motiv dann auf die Griffe der Holzgabeln, lassen Sie die Farbe trocknen und schieben Sie je zwei Gabeln unter den obersten Knoten.

Tipp: Wenn Sie wollen, können Sie die Verpackung noch mit einem Dillzweig verzieren.

Salbei-Tomaten

leckere Wintervorräte

Übergießen Sie die Tomaten in einer Schüssel mit kochendem Wasser. Kurz darin ziehen lassen, dann abgießen und die Haut abziehen. Nun schneiden Sie die Tomaten in Stücke und entfernen dabei die Stielansätze. Zwiebel und Knoblauch zerkleinern Sie nicht zu fein, der Salbei wird nur gewaschen.

Erhitzen Sie das Öl in einem Topf, braten Sie die Zwiebel mit Knoblauch und Salbei darin an. Tomaten zugeben und zum Kochen bringen. Zugedeckt in etwa 10 Minuten knapp weich garen. Würzen Sie mit Salz, einer kräftigen Prise Pfeffer aus der Mühle und dem Zucker und füllen Sie die Tomaten kochend heiß in sauber gespülte Twist-Off-Gläser, die Sie sofort verschließen.

Die Tomaten halten sich mindestens 6 Monate.

Tipp: Die eingekochten Tomaten schmecken als Nudelsoße, Suppe oder einfach als Dip mit Fladenbrot oder Pane Toscana.

Die Verpackungsidee für die Tomaten finden Sie auf Seite 90/91.

Zutaten für 2 Gläser à 370 ml

750 g vollreife Tomaten
1 mittelgroße Zwiebel
1 Knoblauchzehe
3 Zweige Salbei
3 EL Olivenöl
1 TL Salz
schwarzer oder weißer Pfeffer
1 Messerspitze Zucker

40 Min. Zubereitung

Verzierte Gläser für die Salbei-Tomaten

Kleben Sie einen Streifen Klebefilm in ca. 4 cm Abstand vom Boden um das Glas. Auf diese Weise erhalten Sie ganz einfach eine gerade Kante für das Aufbringen der Tafelfarbe. Pinseln Sie eine Lage Farbe auf das Glas und lassen Sie den ersten Anstrich eine halbe Stunde lang trocknen. Wiederholen Sie diesen Vorgang noch dreimal.

Wenn die Farbe ganz trocken ist, lösen Sie den Klebefilmstreifen vorsichtig ab. Anschließend können Sie das Glas mit Kreide beschriften oder bemalen. Dabei können Sie Ihrer Fantasie freien Lauf lassen! Für einen hübschen Abschluss das karierte Band am oberen Tafelfarbenrand zweimal um das Glas binden.

Material

- konisches Schmuckglas, 370 ml
- Tafelfarbe in Schwarz
- Klebefilm
- Pinsel
- Kreide oder Permanentmarker in Weiß
- Schleifenband in Rot-Weiß kariert, 1 cm breit

Marinierte
Champignons

Fenchel-Champignons

Antipasti-Genuss

Fenchel-Champignons

Reiben Sie die Pilze mit Küchenkrepp sauber. Unzerkleinert in einer Glasschüssel mit 1 großem Stück Schale der gewaschenen Zitrone, dem ausgepressten Zitronensaft, Fenchelkraut, Weißwein und Pfefferkörnern mischen und bei Zimmertemperatur 30 Minuten ziehen lassen.

Übergießen Sie die Tomate mit kochendem Wasser, häuten und schneiden Sie sie in Stücke, dabei entfernen Sie den Stielansatz. Die Petersilie waschen, trocken tupfen und die abgezupften Blättchen zerkleinern.

Erhitzen Sie das Öl in einer großen Pfanne. Die Pilzmischung und die Tomate zugeben und einmal aufkochen. Zugedeckt bei mittlerer Hitze etwa 5 Minuten kochen lassen, bis die Pilze durchgegart, aber nicht weich sind.

Mischen Sie die Petersilie darunter, schmecken Sie mit Salz ab und füllen Sie die Pilze mit der Kochflüssigkeit in die kochend heiß ausgespülten Bügelgläser. Sofort verschließen und im Kühlschrank aufbewahren.

Die marinierten Champignons sind im Kühlschrank 1 Woche haltbar.

Etikett

Kopieren Sie die Vorlage auf den hellblauen Karton. Das Etikett ausschneiden und beschriften. Schneiden Sie aus dem Transparentpapier ein zweites Etikett mit der Zackenschere aus, das etwa 1 cm größer ist als das erste. Befestigen Sie beide Etiketten mit den Haushaltsgummis auf dem Einmachglas.

Material

Einmachglas mit Bügel
Haushaltsgummis in Pink
Konturenschere mit Zackenrand
Tonkarton in Hellblau
Transparentpapier in Pink
Kopierer oder PC, Scanner und Drucker

Vorlage Seite 123

Zutaten für 3 Gläser à 400 g

750 g kleine Champignons mit geschlossenen Köpfen
1 Stück Schale und Saft von 1 kleinen Bio-Zitrone
3 Zweige Fenchelkraut
200 ml trockener Weißwein
1 TL weiße Pfefferkörner
1 mittelgroße Tomate
3–4 Zweige glatte Petersilie
5 EL Olivenöl
Salz

30 Min. Zubereitung (ohne Ruhezeit)

Tomatencreme mit Thymian für Fladenbrot

Schälen Sie die Zwiebel und den Knoblauch und zerkleinern Sie beide Zutaten fein. Lassen Sie das Öl in einem Topf heiß werden und braten Sie die Zwiebel und den Knoblauch mit dem Thymian bei schwacher Hitze an, bis die Zwiebel glasig und leicht braun ist.

Nun das Sojamehl, die Tomaten und die Gemüsebrühe zugeben und bei starker bis mittlerer Hitze unter Rühren etwa 5 Minuten lang schmoren, bis die Creme dick eingekocht ist.

Schmecken Sie mit Zitronensaft, Salz, Tabascosoße und nach Wunsch auch Cayennepfeffer ab und füllen Sie die Creme in heiß ausgespülte Gläser.

Die Tomatencreme hält sich im Kühlschrank 5 Tage.

Tipp: Sojamehl gibt es im Reformhaus und Naturkostladen zu kaufen. Entfettetes Sojamehl enthält vorwiegend Eiweiß und ist ideal für vegetarische Gerichte. Vollfettes Mehl kann man in Kuchenrezepten anstelle von Eiern verwenden. Es ist frei von tierischem Fett und Cholesterin.

Die Verpackungsidee für die Tomatencreme finden Sie auf Seite 98/99.

Zutaten für 4 Portionen

1 kleine Zwiebel
1 Knoblauchzehe
1 TL Olivenöl
1 TL abgezupfte Thymianblättchen
4 EL entfettetes Sojamehl
100 g Pizzatomaten (Dose oder Packung)
4 EL heiße Gemüsebrühe
1 EL Zitronensaft
Salz
einige Spritzer Tabascosoße
eventl. Cayennepfeffer

20 Min. Zubereitung

Kleiner Snack
Kleiner Snack

Schlichte Alubecher für die Tomatencreme

Übertragen Sie die Vorlage für das Etikett auf den Tonkarton und schneiden Sie es aus. Sie können es auch am Computer einscannen und auf Tonkarton ausdrucken. Schneiden Sie in das Etikett auf der linken Seite mit dem Cutter einen Schlitz für das Holzmesser, damit das Schild an das Messer gesteckt werden kann.

Wenn der Deckel der gekauften Aluminiumschale weiß ist – wie das meistens der Fall ist –, dann umwickeln Sie ihn mit Aluminiumfolie, die auf der Innenseite mit Klebefilm fixiert wird.

Stellen Sie die mit der Tomatencreme gefüllte Aluminiumschale auf den Pappteller und verschließen Sie die Schale mit dem Deckel. Binden Sie die Paketschnur um Pappteller und Schale. Zum Abschluss stecken Sie das Holzmesser mit dem Etikett und einem Thymianzweig unter die Schnur.

Material

- Aluminiumschalen mit Deckel, 15, 8 cm x 15, 8 cm, 3,4 cm hoch
- Aluminiumfolie
- Klebefilm
- Tonkarton in Weiß
- Kopierer oder PC, Scanner und Drucker
- Cutter mit Schneideunterlage
- Einweg-Holzmesser
- eckige Pappteller
- Paketschnur

Vorlage Seite 122

Eingekochte Apfelscheiben mit Melisse & Vanille

Legen Sie die Gummiringe und Deckel der Weckgläser in kochend heißes Wasser.

Entfernen Sie das Kerngehäuse der Äpfel mit einem Apfelausstecher, waschen oder schälen Sie die Äpfel und schneiden Sie sie in Scheiben.

Schichten Sie die Äpfel in die kochend heiß ausgespülten Gläser, fügen Sie die heiß abgespülte Zitronenmelisse, die Vanilleschote, den Zucker sowie Marmelade, Gelee oder Konfitüre hinzu. Zuletzt gießen Sie soviel Apfelsaft hinzu, dass die Apfelscheiben gerade eben bedeckt sind.

Verschließen Sie die Gläser mit Gummiringen und Deckeln, die Sie mit den Klammern fixieren. Die Apfelscheiben werden nun 40 Minuten bei 80° C im Einkochautomaten sterilisiert. Die Gläser herausnehmen und abkühlen lassen. Erst nach dem Abkühlen die Klammern entfernen und überprüfen, ob die Gläser fest verschlossen sind.

Die Apfelscheiben halten sich in den fest verschlossenen Gläsern mindestens 6 Monate.

Tipp: Die eingelegten Apfelscheiben schmecken gut zu Pfannkuchen, Grießpudding, schottischem Porridge oder sahnigem Milchreis – oder pur aus dem Glas gelöffelt!

Die Verpackungsidee zu den eingekochten Apfelscheiben finden Sie auf Seite 102/103.

Zutaten für 2 Weckgläser à 250 g

2 große Äpfel (500 g)
4 Zweige Zitronenmelisse
2 Stückchen Vanilleschote
2 EL Zucker
2 TL Orangenmarmelade, Apfelgelee oder Aprikosenkonfitüre
Apfelsaft zum Auffüllen

15 Min. Zubereitung
40 Min. Einkochen
(ohne Aufheizzeit)

Flamme köcheln lassen.
Zucker einrieseln lassen und 4-5 Minuten
Gläser in Stücke teilen und direkt
auf die Gläser verteilen. Wer mag kann die
Die Marmelade ist ein bis
mach das nie!

Deckelhäubchen mit Rezept für die Apfelscheiben

Material
- Einmachglas
- Einweg-Holzlöffel
- Leinenstoff in Weiß, 20 cm x 20 cm
- Konturenschere mit Zackenrand
- Freezer-Paper
- PC und Tintenstrahldrucker, evtl. Scanner
- Schleifenband in Rot-Weiß kariert, 5 mm breit
- Glöckchen

Schneiden Sie den Stoff mit der Zackenschere aus. Das Freezer-Paper mit der glänzenden Oberfläche nach oben platzieren und den Stoff darauflegen. Mit einem heißen Bügeleisen (wichtig: ohne Dampf!) den Stoff kurz auf das Freezer-Paper bügeln.

Tippen Sie das Rezept in Ihrem Schreibprogramm ab. Passen Sie die Textaufteilung an die Stoffgröße an und wählen Sie eine dekorative Schriftart.

Jetzt können Sie das Papier mit dem Stoff in den Drucker einlegen. Durch das Freezer-Paper wird der Stoff stabil und kann somit leicht vom Drucker eingezogen werden. Drucken Sie das Rezept aus, anschließend können Sie das Papier vorsichtig vom Stoff abziehen.

Legen Sie den bedruckten Stoff mittig auf das Glas und binden Sie ihn mit dem Stoffband fest. Ziehen Sie vorher das Glöckchen auf das Band. Den Löffel zum Schluss zwischen Band und Stoff stecken.

Birnenkonfitüre mit Zitronenmelisse

Schneiden Sie die Birnen in kleine Stücke. Mit dem Orangen-Mandarinensaft und dem Gelierzucker in einem großen Edelstahltopf gut vermischen. Diese Mischung lassen Sie etwa 12 Stunden lang zugedeckt in einem kühlen Raum ziehen.

Für die Zubereitung die Zitronenmelisse-Blättchen waschen, trocken tupfen und mit einem scharfen Messer in feine Streifen schneiden.

Bringen Sie die Birnen-Saftmischung unter ständigem Rühren zum Kochen. Sobald sie auch beim Umrühren sprudelnd kocht, noch 4 Minuten bei mittlerer Hitze weiter kochen. Geben Sie kurz vor Ende der Kochzeit die Zitronenmelisse und den Zitronensaft dazu. Die kochende Konfitüre müssen Sie ständig umrühren und zum Schluss eventuell abschäumen.

Füllen Sie die kochend heiße Konfitüre in saubere, heiß ausgespülte Twist-off-Gläser, die Sie dann sofort verschließen.

Die Birnenkonfitüre hält sich mindestens 6 Monate.

Tipp: Für die Konfitüre eignen sich die Birnensorten Williams Christ, Conference oder Santa Maria besonders gut. Diese Sorten mit zartem, schmelzendem Fruchtfleisch werden in der Konfitüre schön weich, aber nicht matschig.

Die Verpackungsidee für die Birnenkonfitüre finden Sie auf Seite 106/107.

Zutaten für 7 Gläser à 240 g

750 g feste, reife Birnen (geschält und entkernt)
250 ml Orangen-Mandarinensaft
500 g Gelierzucker (1 plus 2)
1 Handvoll Blättchen von Zitronenmelisse
1–2 EL Zitronensaft

40 Min. Zubereitung (ohne Ruhezeit)

Schächtelchen für die Birnenkonfitüre

Kopieren Sie die Vorlage für die Banderole der Streichholzschachtel auf das cremefarbene Papier. Alternativ können Sie sie auch einscannen und ausdrucken. Schneiden Sie die Banderole aus.

Bekleben Sie die leere Streichholzschachtel an den äußeren Rändern mit zwei doppelseitigen Klebestreifen, wickeln Sie anschließend die Banderole um die Schachtel und drücken Sie sie fest. Die Banderole kann nun auf der Rückseite beschriftet werden.

Das karierte Band an der unteren Schmalseite durch die Schachtel ziehen, indem Sie die Innenschachtel zunächst herausnehmen und das Band einlegen. Stecken Sie die nach Wunsch befüllte Innenschachtel vorsichtig wieder in die Hülle. Stellen Sie die Schachtel auf das Glas mit der Birnenkonfitüre, führen Sie das Band einmal um das Glas herum und verknoten Sie es an einer Seite. Damit das Band nicht verrutscht, wird vorher etwas doppelseitiges Klebeband auf das Glas geklebt.

Tipp: Befüllen Sie die geschmückte Streichholzschachtel mit süßen Kleinigkeiten!

Material

- Zwölfkantglas mit Schraubverschluss
- leere Streichholzschachtel
- Papierbogen in Creme (160 g/m²), A4
- Kopierer oder PC, Scanner und Drucker
- doppelseitiges Klebeband
- Schleifenband in Rot-Weiß kariert, 5 mm breit

Vorlage Seite 122

Im Kräutergarten

Mit aromatischen Kräutern zu kochen macht noch mehr Spaß, wenn die Kräuter aus dem eigenen Garten oder aus dem Topf vom Balkon kommen. So steht auch der Verwirklichung einer spontanen Kochidee nichts mehr im Weg.

Viel Spaß beim Gärtnern!

Salbei
Basilikum

Damit es
auch im Winter leckere
Köstlichkeiten mit Kräutern
gibt, verwenden Sie haltbar
gemachte Kräuter – das
Haltbarmachen geht auf verschiedene
Weisen – Trocknen, Einfrieren,
Konservieren–, die jede für
sich die Gaumenfreude
steigern.

Der Kräutergarten

Der Kräutergarten

Die Kräuter aus dem eigenen Garten sind ein besonderer Genuss, weil sie immer frisch geerntet auf den Tisch oder in den Topf kommen. Beim Anlegen eines Kräutergartens oder eines -beetes sind einige grundlegende Dinge zu beachten. Ein wichtiger Faktor für das gute Gedeihen der Kräuter ist die Wahl des richtigen Standortes. Die meisten Kräuter bevorzugen einen sonnigen, warmen und windgeschützten Ort.

Auch die Beschaffenheit des Bodens spielt eine wichtige Rolle. Lehm- und tonhaltige Böden sind für den Anbau von Kräutern grundsätzlich wenig geeignet, da sich oft Staunässe bildet. Hier muss die Qualität des Bodens durch Untergraben von Sand verbessert werden. Am besten gedeihen Kräuter auf mageren Böden.

Kräuter im Topf

Wer keinen eigenen Garten hat, kann sich ein kleines Kräuterparadies auf dem Balkon oder der Terrasse anlegen. Kräuter gedeihen auch in Töpfen und Kübeln. Bei der Anzucht von Kräutern im Topf gilt Ähnliches wie beim Kräutergarten: die Kräuter benötigen einen sonnigen, windgeschützten Ort.

Da Topfpflanzen über weniger Substrat verfügen als Pflanzen im Beet, ist auch ihr Vorrat an Wasser und Nährstoffen begrenzt. Denken Sie daher daran, die Topfpflanzen regelmäßig zu gießen. Viel Wasser brauchen Melisse, Liebstöckel, Schnittlauch, Estragon, Kerbel, Petersilie und Basilikum. Genügsamer sind Salbei, Thymian, Oregano und Majoran.

Achten Sie aber in jedem Fall darauf, dass die Töpfe über Wasserabzugslöcher verfügen, damit sich keine Staunässe bildet. Mehrjährige Pflanzen sollten außerdem gedüngt werden. Achten Sie hier unbedingt darauf, Bio-Dünger zu verwenden. Pflanzen Sie die Kräuter in ausreichend große Töpfe, topfen Sie sie ggf. im Frühling um und geben Sie neue Erde hinzu.

Im Winter müssen einige Kräuter vor dem Frost geschützt werden. Kälteempfindliche Mittelmeerkräuter wie Thymian, Rosmarin und Salbei müssen mit Wintervlies eingewickelt werden. Alternativ können Sie die Töpfe an einen frostfreien (aber nicht geheizten), hellen Ort stellen. Bitte beachten Sie, dass Kräuter im Topf auch im Winter gegossen werden müssen. Melisse und Minze sind winterhart, Schnittlauch braucht sogar Frost, um neu auszutreiben.

Kräuter ernten

Kräuter werden am besten vormittags nach dem Trocknen des Taus und vor dem Einsetzen der Mittagshitze geerntet. Am aromatischsten sind die Kräuter nach einigen sonnigen Tagen und wenn sie kurz vor der Blüte stehen. Ausnahmen sind Lavendel, Thymian und Oregano. Ernten Sie Kräuter möglichst unmittelbar vor der Verwendung.

Schneiden Sie Melisse, Minze, Estragon, Schnittlauch und Petersilie bodennah ab. Basilikum sollte über einer Verzweigung abgeschnitten werden, da die Pflanze so neu austreiben kann. Von Rosmarin, Thymian und Salbei werden die Triebspitzen oberhalb der verholzten Teile abgeschnitten.

Kräuter haltbar machen

Kräuter haltbar machen

Duftende Kräuter in Töpfen oder im Beet sind im Sommer meist im Überfluss vorhanden und können frisch in der Küche verwendet werden. Aber woher bekommt man in der kalten Jahreszeit aromatische Kräuter für leckere Gerichte? Die Antwort: Kräuter haltbar machen. Grundsätzlich gibt es mehrere Möglichkeiten:

Kräuter einfrieren

Eine Möglichkeit, Kräuter haltbar zu machen, ist, sie einzufrieren. Sehr gut eignet sich Petersilie, aber auch weichblättrige Kräuter wie Liebstöckel, Borretsch, Minze, Estragon, Melisse oder Dill. Basilikum und Schnittlauch sollte man nicht einfrieren.

Grundsätzlich sollten Kräuter vor dem Einfrieren gut gewaschen und getrocknet werden (z. B. in einer Salatschleuder). Dann können sie in Dosen abgefüllt und eingefroren werden. Hier empfiehlt es sich, Kräuter portionsweise einzufrieren.

Die Kräuter können vor dem Einfrieren klein gehackt werden. Alternativ können Sie die Kräuter ganz einfrieren und im gefrorenen Zustand zerkleinern (z. B. indem Sie mit einem Wellholz über die im Gefrierbeutel aufbewahrten Kräuter rollen) oder erst kurz vor Gebrauch zerkleinern.

Kräuter können portionsweise auch in einer Eiswürfelschale eingefroren werden. Geben Sie dazu die Kräuter in die einzelnen Vertiefungen und füllen Sie sie mit – möglichst wenig – Wasser auf. Die Kräuter-Eiswürfel können dann ganz bequem einzeln herausgenommen werden und zum Verfeinern von Suppen o. Ä. verwendet werden. Lassen Sie die Eiswürfel vor dem Verwenden nicht auftauen, die Kräuter fallen sonst zusammen.

Tipp: Eiswürfel mit einem Minze- oder Melissenblatt oder Borretschblüten sind sehr dekorativ und z. B. in einem sommerlichen Drink ein echter Hingucker.

Kräuter trocknen

Die traditionelle Art, Kräuter haltbar zu machen, ist, sie zu trocknen. Besonders gut eignen sich dafür Bohnenkraut, Oregano, Majoran, Salbei, Rosmarin oder Thymian. Die Kräuter werden entweder auf einem Backblech mit Küchenpapier ausgelegt oder zu kleinen, lockeren Sträußen gebunden und kopfüber aufgehängt. Kräuter, die getrocknet werden, sollten Sie nicht waschen, sondern nur säubern.

Wichtig ist, dass die Kräuter nicht zu schnell (d. h. bei zu hoher Temperatur) und nicht zu langsam trocknen, da beides mit dem Verlust ätherischer Öle einhergeht, die für den Geschmack und den Geruch entscheidend sind. Ideal ist ca. 40° C. Zum Trocknen sollten die Kräuter in einem trockenen, gut gelüfteten Raum aufbewahrt werden und vor Licht und Staub geschützt werden. Sie können dazu Papier zu einer Tüte drehen und um die Kräutersträuße wickeln.

Die Kräuter sind fertig getrocknet, wenn sie beim Anfassen rascheln. Streifen Sie die Blätter von den Stängeln, geben Sie sie ganz oder gerebelt in ein luftdicht verschließbares, dunkles Gefäß und bewahren Sie sie an einem kühlen Ort auf. Bitte beachten Sie, dass getrocknete Kräuter in der Regel ein intensiveres Aroma als frische Kräuter haben. Sie müssen also entsprechend vorsichtiger dosiert werden.

Essig, Öl & Co.

Essig, Öl & Co.

Die Aromen einiger Kräuter lassen sich sehr gut in Essig und Öl konservieren. Estragon, Thymian oder Dill eignen sich beispielsweise gut. Das Ansetzen von Kräuteressig oder -öl ist ganz einfach: Waschen Sie die Kräuter, tupfen Sie sie trocken und füllen Sie sie in saubere Glasflaschen (ca. ein Drittel bis die Hälfte). Gießen Sie dann Essig oder geschmacksneutrales Öl auf – jeweils in hochwertiger Qualität. Lassen Sie den Essig zwei bis drei Wochen, das Öl ca. eine Woche ziehen, filtern Sie die Kräuter mithilfe eines Siebes heraus und füllen Sie Essig bzw. Öl in saubere Flaschen ab. Achten Sie unbedingt darauf, dass das Öl alle Kräuter vollständig umschließt, da sich andernfalls schnell Schimmel bildet.

Eine andere Art, Kräuter zu konservieren (bis zu einem Monat), ist die Zubereitung von Pesto. Für das klassische Pesto Genovese wird Basilikum verwendet, nach demselben Prinzip lässt sich aber auch Pesto aus Bärlauch, Rucola oder Petersilie herstellen. Das Pesto kann zu Pasta gereicht werden oder Suppen und Soßen verfeinern. Bewahren Sie das Pesto im Kühlschrank auf und achten Sie darauf, dass es immer ausreichend mit Öl bedeckt ist.

Kräuter lassen sich auch sehr gut in Form von Kräuterbutter haltbar machen. Dazu eignen sich frische Kräuter wie Schnittlauch, Petersilie, Kerbel, Estragon oder Pimpinelle. Die Herstellung ist denkbar einfach: Lassen Sie einfach die Butter weich werden, mischen Sie sie mit den gehackten Kräutern und rollen Sie sie in ein Pergamentpapier ein. Stellen Sie jetzt die Kräuterbutter erst kalt, portionieren Sie sie und frieren Sie sie dann ein. Kräuterbutter passt nicht nur gut zu kurz gebratenem Fleisch, sondern ist auch sehr praktisch zum Würzen von Suppen und Soßen.

Kräuter kurzzeitig lagern

Wenn Sie geschnittene Kräuter – selbst geerntet oder gekauft – kurzzeitig aufbewahren wollen, stellen Sie sie am besten in ein Wasserglas. Achten Sie darauf, dass nur die Stiele im Wasser sind. Alternativ können Sie sie in einen mit Wasser ausgespülten Plastikbeutel geben, der gut verschlossen im Kühlschrank aufbewahrt wird. Die Kräuter halten sich so ein paar Tage lang frisch.

Vorlagen

Gepunktete Säckchen

Seite 70/71

Die Vorlage auf 143 % vergrößern

Boden
1x

Seitenteil, schmal
2x

Seitenteil, breit
2x

Bei allen Teilen 1 cm Beschnittzugabe rundherum zugeben.

Säckchen aus Tüchern

Seite 22/23

Die Vorlage auf 143 % vergrößern

Seitenteil
2x

Lücke, die in der Naht ausgespart wird.

Bei allen Teilen 1 cm Beschnittzugabe rundherum zugeben.

Grillsoße

Seite 38/39

Packpapiertüten

Seite 36/37

Schachteln mit Fenster

Seite 56/57

Die Vorlage auf 166 % vergrößern

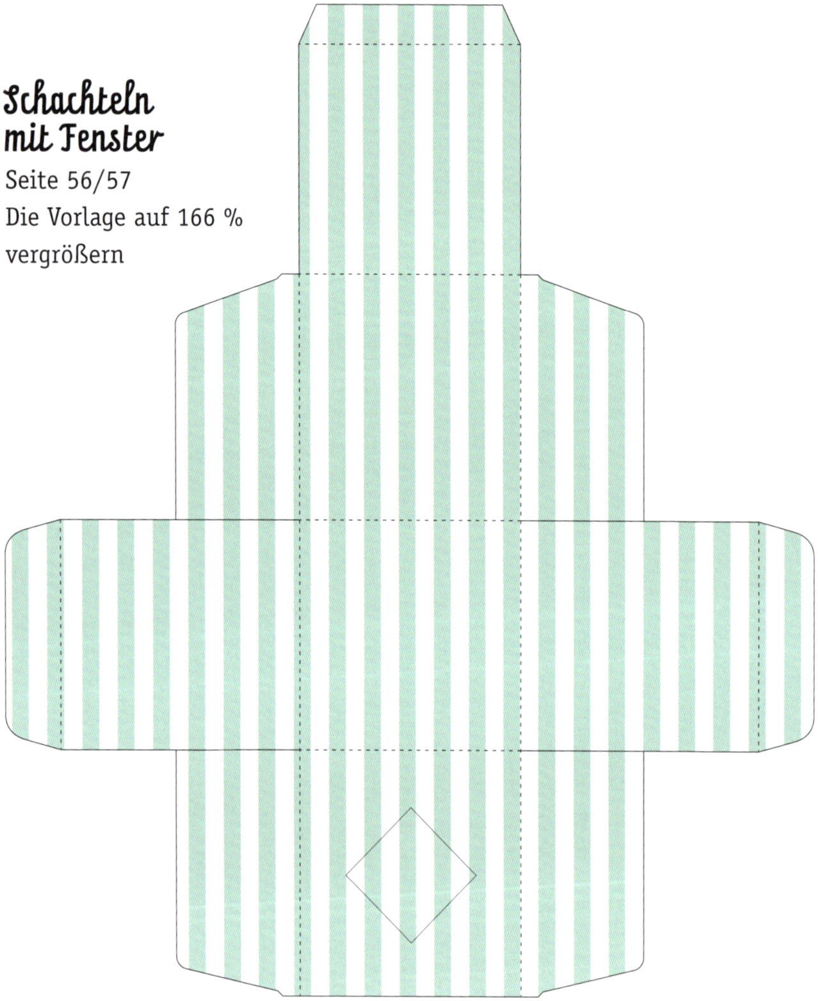

Schächtelchen

Seite 106/107

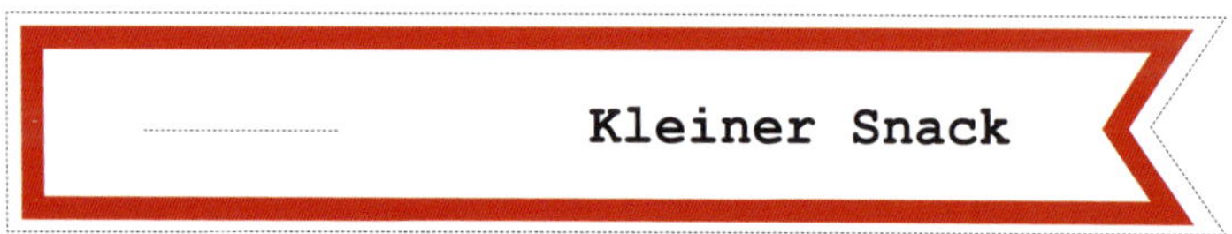

Schlichte Alubecher

Seite 98/99

Pomponschachtel

Seite 26/27

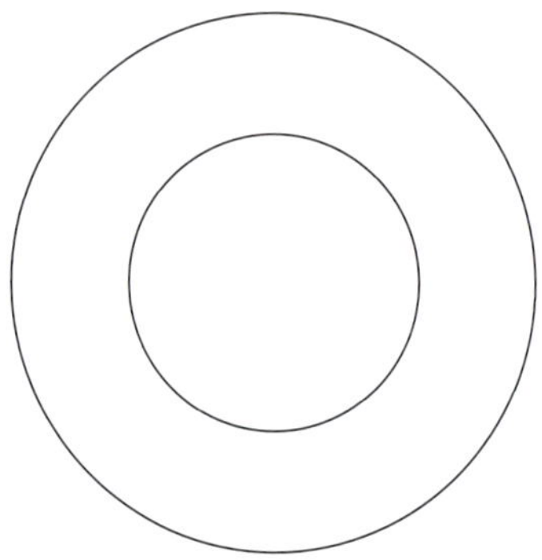

Schachteln

Seite 66/67
Die Vorlage auf 143 % vergrößern

Pomponschachtel

Seite 26/27

Fenchel-Champignons

Seite 92/93

Die kreative Manufaktur

Selbermachen. Genießen. Verschenken

Bücher aus der kreativen Manufaktur

TOPP 5900
978-3-7724-5900-9

TOPP 5901
978-3-7724-5901-6

TOPP 5902
978-3-7724-5902-3

Kreative manufaktur

In der kreativen Manufaktur entsteht Einmaliges und Unverwechselbares. Hier werden schöne Dinge noch mit Liebe und Leidenschaft von Hand gefertigt und mit Sorgfalt verpackt.

Die Welt der kreativen Manufaktur umfasst liebevoll gestaltete Bücher und ein umfangreiches Produktsortiment zum Thema „Schenken und Verpacken“.

TOPP 5903
978-3-7724-5903-0

TOPP 5904
978-3-7724-5904-7

TOPP 5905
978-3-7724-5905-4

Schenken und Verpacken
mit der kreativen Manufaktur

Im Design der kreativen Manufaktur gibt es auch Etiketten, Geschenkanhänger, Dosen, Schachteln und vieles mehr. Sie sind über den gut sortierten Buchhandel oder www.kreative-manufaktur.de erhältlich.

Schleifenbänder
Art. Nr. 9121
€ (D) 4,99/€ (A) 5,10

Geschenkanhänger
Art. Nr. 9117
€ (D) 3,99/€ (A) 4,10

Etiketten
Art. Nr. 9119
€ (D) 1,99/€ (A) 2,10

Geschenktüten mit Etiketten
Art. Nr. 9127
€ (D) 4,99/€ (A) 5,10

8 Geschenkschachteln
Art. Nr. 9125
€ (D) 7,99/€ (A) 8,10

Stempel
Art. Nr. 9129
€ (D) 7,99/€ (A) 8,10

2 Dosen
Art. Nr. 9133
€ (D) 7,99/€ (A) 8,10

Masking Tape
Art. Nr. 9123
€ (D) 7,99/€ (A) 8,10

Geschenkanhänger
Art. Nr. 19420
€ (D) 3,99/€ (A) 4,10

Etiketten
Art. Nr. 19422
€ (D) 1,99/€ (A) 2,10

Baker´s Twine in Gelb, Rot oder Grün
Art. Nr. 19426 / 19441 / 19442
jeweils € (D) 9,99/€ (A) 10,30

Die Autorinnen

Daniele Merkel

Daniela Merkel ist studierte Grafikdesignerin. Immer auf der Suche nach neuen Ideen und Inspirationen hat sie ein Jahr in Barcelona verbracht, bevor sie sich im schönen Freiburg niedergelassen hat. Sie liebt alles Kreative und Bunte und hat eine Schwäche für Flohmärkte und alte Drucktechniken.

Dr. Barbara Rias-Bucher

Dr. Barbara Rias-Bucher

Dr. Barbara Rias-Bucher, Mitglied des Food Editors Club, arbeitet seit über 20 Jahren als Autorin für renommierte Verlage. Ihre etwa 180 Bücher zu Kochen und Ernährung erzielten eine Gesamtauflage von über 4 Millionen, wurden in 11 Sprachen übersetzt und mehrfach ausgezeichnet. Barbara Rias-Bucher zählt zu den wichtigsten deutschen Autoren für Koch- und kulinarische Sachbücher. Sie gilt als Expertin für alternative Ernährungsformen, die auch Feinschmecker mögen. Daneben hat sich die studierte Historikerin auf regionale kulinarische Traditionen und auf die internationale Kultur des Essens spezialisiert.

Impressum

Rezeptentwicklung: Dr. Barbara Rias-Bucher
Verpackungsmodelle: Daniela Merkel
Umsetzung Rezepte: Gourmetcook, Eberhard Braun (außer Seite 88/89, 92/93, 100/101, 104/105)

Fotos: frechverlag GmbH, 70499 Stuttgart: Fotolia: Alison Bowden (Seite 11 u. l.), Angelika Bentin (Seite 11 u. m.), Barbara Pheby (Seite 55 o., 79 l. u.), Birgit Kutzera (Seite 73 r.), BK (Seite 113 u.), Cede (Seite 11 o. r.), Christian Jung (Seite 73 l., 74 u. l., 114 o.), Corinna Gissemann (Seite 50 u. r.), Diana Taliun (Seite 110 o. m.), DramaSan (Seite 72 m.), Elenathewise (Seite 10 o. r., 29 r.), Emmi (Seite 11 o. l.), Food (Seite 28 m., 62 m.), Fotofund (Seite 111 o. l.), Fotoimpressionen (Seite 89 u. l.), Friedberg (Seite 51 u. r.), Gabriele Abu-Dayeh (Seite 63 l.), Gravicapa (Seite 117 u.), hazel proudlove (Seite 83 r., 111 o. r.), Heike Rau (Seite 74 o. r.), Ildi (Seite 76 o. m.), Kati Molin (Seite 60 l.), Kim Moilanen (Seite 51 o. r.), Klaus Eppele (Seite 82 r.), Littyusa (Seite 10 o. m.), Liv Friis-larsen (Seite 72 l.), Marco Mayer (Seite 118 u.), Mario (Seite 89 u. r., 110 u. r.), My 3 kids (Seite 111 u. r.), Petrabarz (Seite 28 r., 62 r.), Picturefoods.com (Seite 29 l.), pterwort (Seite 111 u. l.), Quanthem (Seite 50 o. l.), Reena (Seite 110 o. l.), Reinhold Föger (Seite 110 o. r.), romaneau (Seite 44), roostler (Seite 104 u.), sonia chatelain (Seite 62 l.), Stefan Körber (Seite 119 u.), Stefan Thiermayer (Seite 28 l.), sterneleben (Seite 118 o.), Stihl024 (Seite 115 o.), Sylwia Schreck (Seite 63 r.), Team 5 (Seite 117 o.), teressa (Seite 113 o.), ThinMan (Seite 72 r.), Thomas Francois (Seite 96 o.), unpict (Seite 116 o.), teressa (Seite 116 u.), unpict (Seite 50 o. m.), Victoria (Seite 76 u. r.) ,victoria p. (Seite 74 u. r., 83 l.), Wieselpixx (Seite 115 u.), Yvonne Bogdanski (Seite 119 o.); istock: tap10 (Seite 110 u. l.), sbrogan (Seite 112 u.), Infrontphoto (Seite 114 u.); Flora Press Agency, Hamburg (Seite 40/41); lichtpunkt, Michael Ruder, Stuttgart (alle übrigen)

Reihenkonzept: Katrin Hartmann
Produktmanagement: Katrin Hartmann
Lektorat und Stimmungstexte: Annette Gerstenkorn, Bochum, und Katrin Hartmann
Markendesign und Layout: N I T R I B I T T Kommunikation & Design, Thomas Detlaf, Kischa Scheibe, Marco Schenck, www.nitribitt.com
Satz: elektrolyten, Petra Schmidt, München, www.elektrolyten.de
Druck und Bindung: Himmer AG, Augsburg

Wir danken den Firmen KnorrPrandell GmbH, Lichtenfels, Buntpapierfabrik Ludwig Bähr, Kassel, Rayher Hobby GmbH, Laupheim, Heyda Baier & Schneider GmbH & Co. KG, Heilbronn, für die freundliche Bereitstellung von Material.

Hilfestellung zu allen Fragen, die Materialien und Kreativbücher betreffen: Frau Erika Noll berät Sie. Rufen Sie an: 05052/911858 (normale Telefongebühren)

1. Auflage 2012

ISBN 978-3-7724-5905-4
Best.-Nr. 5905